FERTIGKEITEN
INTENSIV
TRAINIEREN

4

Name:

Teil 1

FIT MIT

Pusteblume

METHODEN
INTENSIV
TRAINIEREN

4

Name:

Teil 2

Inhaltsverzeichnis und Hinweise

Fit Mit Pusteblume steht für

Fertigkeiten **i**ntensiv **t**rainieren und

Methoden **i**ntensiv **t**rainieren

Ziel des Methodenheftes ist es, den Schülerinnen und Schülern durch einen Anleitungsteil (oberer Teil) und einen Handlungsteil (unterer Teil) weitere Fähigkeiten und Fertigkeiten zu vermitteln, um eine Methodenkompetenz zu erlangen, die das selbstständige Arbeiten anbahnt und ermöglicht.

Erarbeitet von Dieter Kraft

westermann GRUPPE

© 2011 Bildungshaus Schulbuchverlage
Westermann Schroedel Diesterweg Schöningh Winklers GmbH,
Georg-Westermann-Allee 66, 38104 Braunschweig
www.westermann.de

Druck A[15] / Jahr 2022
Alle Drucke der Serie A sind im Unterricht parallel verwendbar.

Redaktion:	Uwe Tönnies
Lay-out:	Jesse Konzept & Text
Herstellung:	Gundula Wanjek-Binder, Hannover
Illustration:	Gisela Fuhrmann, Dr. Peter Güttler, Heike Heimrich-McFarland, Burkhard Kracke
Umschlag:	Andrea Heissenberg mit einer Zeichnung von Burkhard Kracke

Satz und technische Umsetzung: Jesse Konzept & Text, Hannover
Druck und Bindung: Westermann Druck Zwickau GmbH, Crimmitschauer Straße 43, 08058 Zwickau

978-3-507-**49432**-9

Fotonachweis:
|fotolia.com, New York: Jähne, Karin 15.1. |Fuhrmann, Gisela, Hannover: 3.1, 3.3, 3.5, 3.7, 3.10, 3.12, 3.13, 3.15, 3.16, 3.17, 3.22, 3.23, 3.24, 3.25, 3.30, 3.31, 3.32, 3.33, 3.34, 4.9, 4.10, 4.13, 4.14, 4.19, 4.20, 4.21, 4.22, 4.27, 4.28, 4.29, 4.30. |Güttler, Peter - Freier Redaktions-Dienst, Berlin: 9.1, 10.1, 10.2, 10.3, 10.4, 11.1, 11.2, 19.2, 20.1. |Kraft, Dieter, Kiel: 1.1, 3.2, 8.1, 8.3, 8.4. |Microsoft Deutschland GmbH, München: 4.1, 4.2, 4.3, 4.4, 4.5, 4.6, 5.1, 5.2, 5.3, 5.4. |Picture-Alliance GmbH, Frankfurt a.M.: dpa/Zucchi, Uwe 8.2. |Tönnies, Frauke, Laatzen: 3.4, 3.6, 3.8, 3.9, 3.11, 3.14, 3.18, 3.19, 3.20, 3.21, 3.26, 3.27, 3.28, 3.29, 4.7, 4.8, 4.11, 4.12, 4.15, 4.16, 4.17, 4.18, 4.23, 4.24, 4.25, 4.26, 6.1, 6.2, 6.3, 19.1, 19.3. |WIKIMEDIA Foundation, Inc., San Francisco: 7.1. |wikipedia.org: 7.2.

So arbeitest du mit dem Methodenheft

Lies die Texte genau durch. Die Zeichnungen helfen dir, die Anleitungen zu verstehen und umzusetzen.

Das Methodenheft besteht aus zwei Teilen, die du bei Bedarf an der Perforation auseinander trennen kannst.

Im oberen Teil wird dir die Fertigkeit oder Methode vorgestellt. Hier erfährst du, wie du arbeiten kannst.

Im unteren Teil übst du die vorgestellte Fertigkeit oder Methode. Dazu musst du einige Seiten heraustrennen.

Du benötigst als Arbeitsmaterial Bleistifte, Buntstifte, Schere, Lineal und einen Klebestift.

Im Lerntagebuch auf den Seiten 1 und 2 kannst du vermerken, welche Erfahrungen du mit der Methode gemacht hast.

In der Übersicht auf Seite 21 trägst du nach jeder Übung ein, wie gut du die Methode oder Fertigkeit nun kannst.

Bewahre den oberen Teil des Methodenheftes 4 auf. Zusammen mit den anderen Methodenheften kannst du immer nachschauen, wie eine Methode eingesetzt wird.

Ein Lerntagebuch anlegen

① Im Lerntagebuch notierst du, was du wann erarbeitet und gelernt hast.

② Notiere deine Erfahrungen, Eindrücke und Lernerlebnisse in einem Heft oder auf fertigen Blättern.

③ Trage zu jedem Eintrag das Datum ein.

④ Du kannst deine Lernerlebnisse in Stichworten notieren oder ausführlich beschreiben und dazu Skizzen anfertigen.

⑤ Überlege dir Überschriften für deine Beschreibungen. Als Anregung dafür kannst du aus dem Methodenheft 3 die Kopiervorlage auf der Umschlagseite hinten (Seite 21) benutzen.

ein Lerntagebuch (Teil 1)

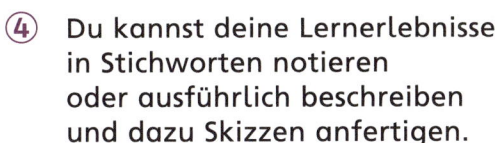

1	2	3	4	5
Datum: _____	Datum: _____	Datum: _____	Datum: _____	Datum: _____

6	7	8	9	10
Datum: _____	Datum: _____	Datum: _____	Datum: _____	Datum: _____

Ein Lerntagebuch führen

① Überlege dir, was dir an der Methode gefallen hat und was nicht.

② Überlege dir, ob du die Übung zu der Methode bearbeiten konntest oder nicht.

③ Versuche, deine Eindrücke mit …
  – Bewertungszeichen, z.B. Smileys,
  – in Stichworten oder
  – in ausführlicher Form zu beschreiben.

④ Benutze für die Beschreibung in Stichworten den unteren Teil der Seiten 1 und 2.

⑤ Benutze für die ausführliche Form eine Kopiervorlage (Methodenheft 3) oder ein Heft.

⑥ Auf der Umschlagseite hinten kannst du zusätzlich ankreuzen, wie gut du die Aufgaben bearbeiten konntest.

Bewertungsvorschläge

 richtig gut

 mittel-gut

 noch nicht so gut

13
Datum: _10.05.11_ ◯
Lernkarten

☺ _Die Lernkarten_
  helfen beim Lernen.
☺ _Die meisten Karten_
  liegen im Fach 3.
☹ _Mir sind alle_
  Karten ausgekippt.

Mit Lernkarten arbeiten   10. Mai 2011
Ich habe Lernkarten zum Bestimmen von
Pflanzen und zum Merken von Kartenzeichen
angelegt. Alle Karten liegen inzwischen im
dritten Fach. Nun lerne ich damit die
Hauptstädte der Bundesländer.

2

2 Mein Lerntagebuch (Teil 2)

11 Datum: _____	12 Datum: _____	13 Datum: _____	14 Datum: _____	15 Datum: _____

16 Datum: _____	17 Datum: _____	18 Datum: _____	19 Datum: _____	20 Datum: _____

Pflanzen nach Blütenmerkmalen bestimmen

① Tabelle der Blütenfarben

① Zum Bestimmen von blühenden Pflanzen müssen die unterschiedlichen Merkmale der Blüten genau betrachtet werden.

	weiß		rosa
	gelb		violett
	blau		grün
	rot		braun

② Das wichtigste Merkmal der Blüte ist die Blütenfarbe.

Manche Blütenfarben lassen sich nicht eindeutig zuordnen. In dem Fall wird unter ähnlichen Farben nachgesehen.

③ Danach wird zum Bestimmen der Pflanze die Blütenform und die Anzahl der Blütenblätter betrachtet.

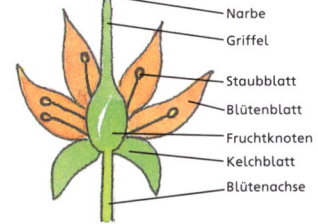

Narbe
Griffel
Staubblatt
Blütenblatt
Fruchtknoten
Kelchblatt
Blütenachse

④ Weitere Merkmale zum Bestimmen der Pflanze sind Standort, Blütezeit und Wuchshöhe.

⑤ Schneide die untere Seitenhälfte an den gestrichelten Linien aus. Falte die Seiten an den gepunkteten Linien. Sortiere sie von ① bis ⑯ zu einem kleinen Bestimmungsbuch. Hefte die Seiten zusammen.

	bis zu 4 Blütenblätter	
	genau 5 Blütenblätter	
	mehr als 5 Blütenblätter	
	zweiseitig symmetrische Blüten	

⑥ Kreuze in dem Kreis an, welche Pflanzen du betrachten und bestimmen konntest. (siehe auch Seite 4)

⑦ Schneide sauber aus und falte genau. Hefte die Seiten mit einem Klammerhefter (Tacker).

...formationen/Aufgabe

...eutschland gibt es ca. 4200 ... und Blütenpflanzen. Von ...n werden in dem kleinen ...mmungsbuch 22 Arten vor-...ellt.

...Bestimmen wird in diesem ...lein nur nach Blütenfarbe ...Blütenform unterschieden. ...oßen Bestimmungsbüchern ...auch nach Blütezeit, ...shöhe und Standort unter-...den.

...euze die Pflanzen an, die ...du betrachtet/bestimmt hast.

Mein Pflanzen-Bestimmungsbuch

Name:

_____

①

Spitzwegerich

B: V–X   W: 5–60 cm
S: Wiesen, Weiden, Wegrand

Rohrkolben

⑭ B: VI–VIII   W: 90–250 cm
S: Gewässerrand, Röhricht

du Blütenpflanzen.
Schritt 2: Blütenblätter

Betrachte die Blüte. Achte auf die Blütenform und die Anzahl der Blütenblätter (Bb).

	bis zu 4 Bb
	genau 5 Bb
	mehr als 5 Bb
	zweiseitig symme-trische Blüten

Manche Pflanzen sind giftig † oder schwach giftig (†).

③

Günsel

V–VI   W: 15–30 cm
Wälder, Wiesen

Buschwindröschen †

B: III–IV   W: 15–25 cm
S: Laub-, Mischwald, Gebüsch

Wegwarte

B: VII–VIII   W: 30–130 cm
S: Wegrand, Schuttplatz

Taubnessel

B: IV–X   W: 30–60 cm
S: Weg- und Waldrand

⑤

⑩

Storchschnabel

B: VI–X   W: 25–50 cm
S: Wälder, Schutthalden

Scharbockskraut (†)

B: III–V   W: 5–15 cm
S: Laubwald, Gebüsch

Flockenblume

B: VI–X   W: 30–100 cm
S: Wiesen, Wegrand

Hornklee

B: V–IX   W: 5–30 cm
S: Wiesen, Wegrand

⑦

Einen Text mit dem Computer gestalten

① Texte können am Computer nachträglich gestaltet und verändert werden, z.B. mit WordPad.

② Der zu ändernde Text wird zuerst mit der gedrückt gehaltenen linken Maustaste markiert.

③ Folgende Gestaltungs-
merkmale werden häufig benutzt:
a) Schriftart,
b) Schriftgröße,
c) fett,
d) kursiv,
e) unter-
strichen,
f) Texthervor-
hebung,
g) Schriftfarbe.

④ Schreibe den Text von S. 5 unten ab.

⑤ Gestalte den Text nach dieser Vorlage.

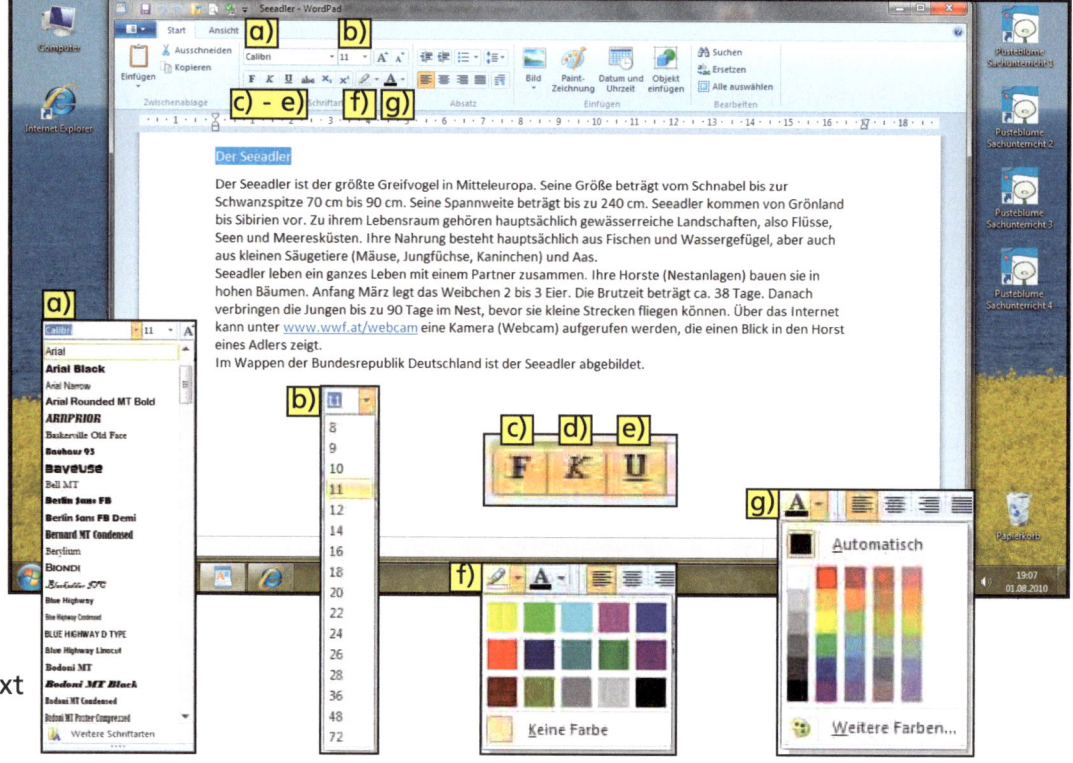

4

4

Die Bestimmungsbuchseiten gehören zu Seite 3.

Wiesenschaumkraut ✿	Hopfen ✿
B: IV–V W: 30–60 cm S: Wiesen, feuchte Stellen	B: VII–VIII W: 100–700 cm S: Feuchte Wälder, Äcker

Sternmiere ✿	Nieswurz ✿
④ B: IV–V W: 15–30 cm S: Laub- u. Mischwald	B: III–IV W: 30–50 cm S: Trockenwälder, Gebüsch ⑬

Weidenröschen ✿	Kratzdistel ✿
B: VI–VII W: 60–140 cm S: Wälder, Wegrand	B: VII–IX W: 60–130 cm S: Wegrand, Waldrand

Lichtnelke ✿	Rotklee ✿
⑧ B: IV–VIII W: 30–100 cm S: Wiesen, Wälder	B: VI–X W: 15–30 cm S: Wiesen ⑨

So bestimmst

Schritt 1: Blütenfarbe

Stell die Blütenfarbe fest:

	Seite		Seite
weiß	4–5	rosa	10
gelb	6–7	violett	11
blau	12	grün	13
rot	8–9	braun	14

Manche Farben sind nicht eindeutig zuzuordnen. Sieh daher
unter ähnlichen Farben nach.
Weitere Merkmale sind:

B = Blütezeit
W = Wuchshöhe
② S = Standort

Ackersenf ✿	Wilde Karde ✿
B: V–VIII W: 30–60 cm S: Acker- u. Wegrand, Schutt	B: VII–VIII W: 90–200 cm S: Wege, Waldrand

Hahnenfuß † ✿	Vogelwicke ✿
⑥ B: V–VII W: 30–100 cm S: Wiesen	B: VI–VIII W: 30–150 cm S: Wiesen, Waldrand

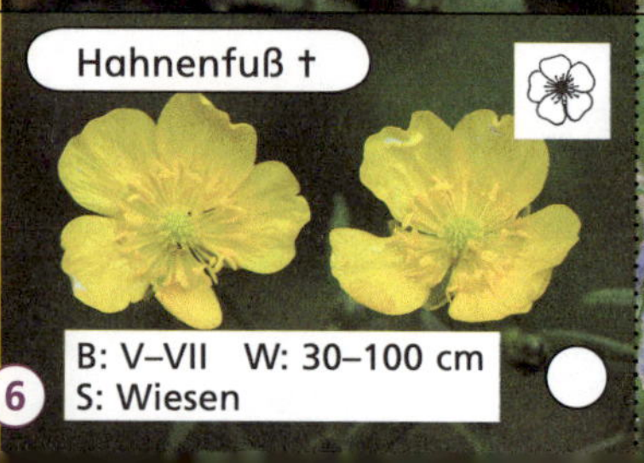

Eine Grafik in den Text einfügen

① Grafiken (Fotos oder Zeichnungen) ergänzen Texte und tragen zur Erläuterung bei.

② Grafiken können aus einer eigenen Sammlung oder aus dem Internet übernommen werden.

③ Zeichnungen können mit Programmen wie ‚Paint‘ auch selbst gezeichnet werden.

④ a) Eine Grafik wird durch ‚Einfügen‘ aus der Zwischenablage unter dem Text angeordnet und
   b) in der Größe verändert.

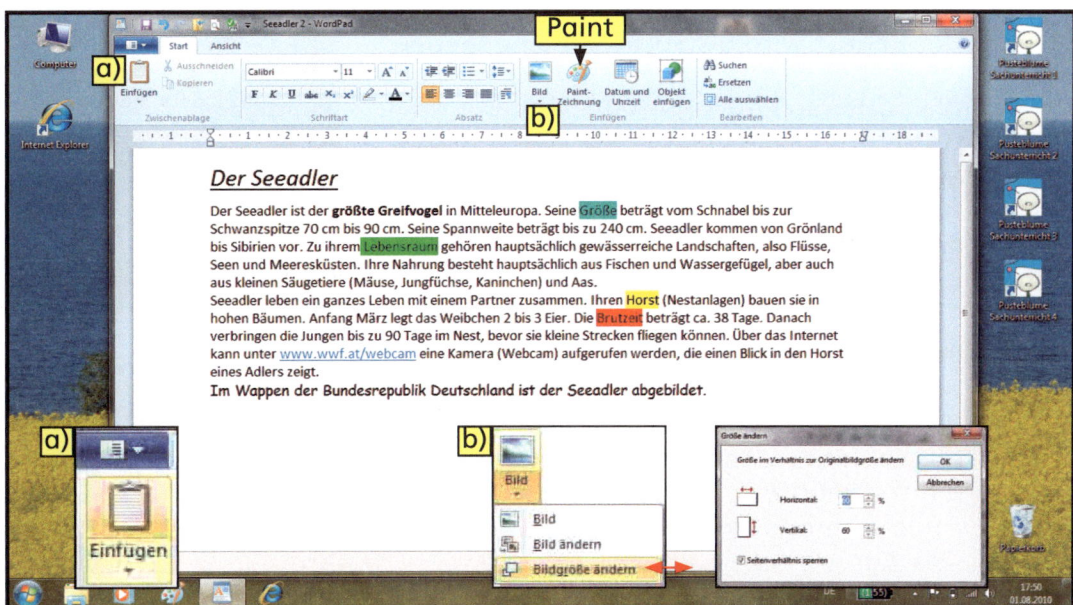

⑤ Eine Grafik kann auch als Datei von der Festplatte übernommen werden.

⑥ In Textverarbeitungen wie ‚Word‘ können die Grafiken nachträglich über die angeklickte Grafik und ‚Format – Grafik – Layout – Rechteck – Ok‘ im Text verschoben werden.

⑦ Lies den Text genau durch. Schreibe ihn danach mit einer Textverarbeitung ab. Benutze dabei die Schriftart **Calibri** in der Schriftgröße **11**. Speicher dann den Text ab.

Der Seeadler

Der Seeadler ist der größte Greifvogel in Mitteleuropa. Seine Größe beträgt vom Schnabel bis zur Schwanzspitze 70 bis 90 cm. Seine Spannweite beträgt bis zu 240 cm. Seeadler kommen von Grönland bis Sibirien vor. Zu ihrem Lebensraum gehören hauptsächlich gewässerreiche Landschaften, also Flüsse, Seen und Meeresküsten. Ihre Nahrung besteht hauptsächlich aus Fischen und Wasservögeln, aber auch kleinen Säugetieren (Mäuse, Jungfüchse, Kaninchen) und Aas. Seeadler leben ein ganzes Leben mit einem Partner zusammen. Ihre Horste (große Nester) bauen sie in hohen Bäumen. Anfang März legt das Weibchen 2 bis 3 Eier.
Die Brutzeit beträgt ca. 38 Tage. Danach verbringen die Jungen bis zu 90 Tage im Nest, bevor sie kleine Strecken fliegen können. Über das Internet kann unter www.wwf.at/webcam eine Kamera (Webcam) aufgerufen werden, die einen Blick in den Horst eines Adlers zeigt.
Im Wappen der Bundesrepublik Deutschland ist der Seeadler abgebildet.

⑧ Gestalte den Text nach der Bildschirmvorlage von oben. Nutze folgende Vorschläge:

Der Seeadler --> Schriftgröße 18, kursiv, unterstreichen	größte Greifvogel --> fett
Größe, Lebensraum, Horst, Brutzeit --> Texthervorhebung	Unterer Satz --> Schriftart --> Comic Sans
Internetadresse: Schriftfarbe blau, unterstreichen	

⑨ Füge nun eine Grafik ein. Stelle den Cursor unter den Text. Wechsel in das Internet und öffne die Internetadresse www.natur-lexikon.com. Klicke auf ‚Vögel‘ und scrolle in der Liste bis ‚Seeadler‘.

⑩ Wähle ein Bild aus, klicke es mit der rechten Maustaste an und klicke dann auf ‚Kopieren‘.

⑪ Wechsele zurück zur Textverarbeitung und klicke auf die Schaltfläche ‚Einfügen‘. Die Grafik erscheint unter dem Text. Verkleinere die Grafik. Speicher den Text ab und drucke ihn aus.

Sich im Internet informieren

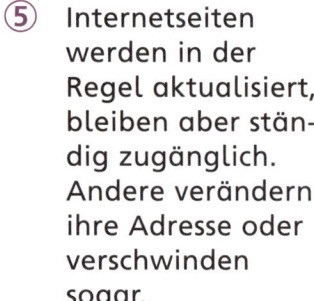

① Das Internet ist eine geeignete Quelle, um sich vielseitig zu informieren.

② Im Beispiel geht es um das Thema ‚Burg'. Der Begriff wird als Suchwort eingegeben.

③ Die Suchmaschine liefert viele Ergebnisse. Durch Anklicken können die Seiten direkt aufgerufen werden.

④ Benutze die Suchworte, ‚Burg' und ‚Burgen'. Vergleiche die Suchergebnisse.

⑤ Internetseiten werden in der Regel aktualisiert, bleiben aber ständig zugänglich. Andere verändern ihre Adresse oder verschwinden sogar.

⑥ Ob der Inhalt einer Seite informativ ist, lässt die Suchmaschine nicht erkennen. Inhalte müssen geprüft werden.

⑦ Rufe folgende Internetadressen (Stand: Februar 2011) nacheinander auf.
Die Internetadresse bietet:

www.burgenwelt.de … eine Übersicht und Informationen über die wichtigen Burgen im In- und Ausland.

www.ritterburgen.de … u. a. Beschreibungen zum Rittertum und zum Alltagsleben auf der Burg. Ein Bastelbogen kann ausgedruckt werden.

http://idealburg.spiel.zdf.de … eine ‚kleine Burgführung', in der die Teile der Burg in Texten und kleinen Animationen vorgestellt werden.

⑧ Gib in eine Suchmaschine die Begriffe ‚Burg' und ‚Burgen' ein.
Vergleiche deine Suchergebnisse mit den oben genannten Internetadressen.

⑨ Notiere die Internetadressen zum Thema ‚Burg(en)', die du für geeignet hältst, die Begriffe von Seite 7 Aufgabe ⑥ zu beschreiben und zu erläutern.

Geeignete Internetadressen zum Thema: _____

⑩ Starte eigene Suchaktionen zu Themen, die dich interessieren/die du in der Schule behandelst.

Mit einem Lexikon arbeiten

① Ein Lexikon ist ein Nachschlagewerk, das alphabetisch geordnet Fachbegriffe auflistet.

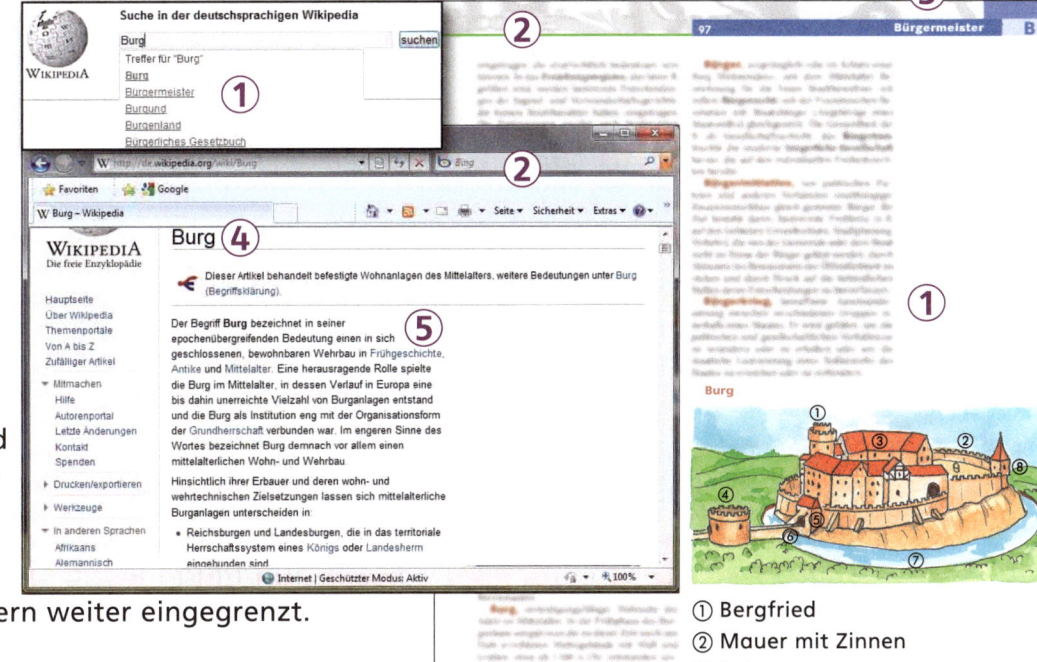

② Neben der Form als Buch gibt es Lexika auch auf CD/DVD oder online im Internet.

③ Im Buchlexikon wird zuerst der Anfangsbuchstabe gesucht. Danach wird der gesuchte Begriff nach den Stichwörtern weiter eingegrenzt.

④ Bei digitalen Nachschlagewerken wird der Suchbegriff ähnlich wie in einer Suchmaschine eingegeben. Der Computer ruft direkt den Begriff auf.

⑤ In Buchlexika wie in digitalen Nachschlagewerken gibt es Verweise (Links) auf verwandte Begriffe.

① Bergfried
② Mauer mit Zinnen
③ Palas
④ Burgtor
⑤ Torhaus
⑥ Zugbrücke
⑦ Ringgraben
⑧ Wachturm

⑥ Ordne folgende Begriffe zu einer Burg nach dem Alphabet und trage sie untereinander in der linken Spalte der Tabelle ein: *Burgkapelle, Kemenate, Bergfried, Burggraben, Pechnase, Brunnen*

⑦ Schlage in einem Buchlexikon die Begriffe nach oder suche sie im Internet (siehe Seite 6). Trage in die rechte Spalte der Tabelle stichwortartig Erklärungen zum gesuchten Begriff ein.

Begriff	Erklärung

Bilder vergleichen

① Beim Vergleichen von Bildern werden Gemeinsamkeiten und Unterschiede beschrieben. Dadurch lassen sich Entwicklungen und Zusammenhänge erkennen.

② Orientiere dich an den Bildunterschriften, wo und wann die Bilder aufgenommen wurden. Beschreibe den Inhalt der Bilder. Unterteile die Bilder in Vorder-, Mittel- und Hintergrund.

Edertal vor 1908

Edertal 2010

③ Suche nach Merkmalen, die sich vergleichen lassen. Trage diese in eine Tabelle ein.

Vergleichsmerkmal	Edertal vor 1908	Edertal 2010
Art der Abbildung	Foto: schwarz-weiß	Foto: farbig
Aussehen des Edertals	Durch das Tal fließt ein Fluss. Das linke Flussufer ist steiler und bewaldet. Am rechten flachen Flussufer erstrecken sich Felder und Wiesen.	Eine große Staumauer verschließt das Edertal. Hinter der Mauer hat sich das Tal mit Wasser gefüllt. Es ist ein Stausee entstanden.

④ Werte den Vergleich aus. Nenne Gemeinsamkeiten und Unterschiede.

⑤ Betrachte die Bilder und vergleiche sie.

Ehstensiel (Nordseeküste), 03.08.2010, 13 Uhr

Ehstensiel (Nordseeküste), 03.08.2010, 19 Uhr

⑥ Notiere Gemeinsamkeiten und Unterschiede in der Tabelle. Werte den Vergleich aus.

Vergleichsmerkmal	Ehstensiel, 03.08.2010, 13 Uhr	Ehstensiel, 03.08.2010, 19 Uhr
Art der Abbildung		
Aussehen der Nordseeküste		

Entfernungen auf Landkarten messen

① Auf einer Landkarte wird die Wirklichkeit verkleinert dargestellt.
Die Maßstabsangabe oder Maßstabsleiste zeigt das Verkleinerungsverhältnis an.

② Mithilfe des Maßstabs können auf der Karte in cm gemessene Strecken ziemlich genau in Entfernungen in km umgerechnet werden.

③ Miss mit dem Lineal die Strecke zwischen zwei Orten und lies die Länge in cm ab. (Im Beispiel sind es von Burgstadt nach Wildhausen 3 cm.)

④ Miss an der Maßstabsleiste mit dem Lineal ab, wie viele Millimeter oder Zentimeter einem Kilometer entsprechen. (Im Beispiel entspricht 1 cm auf der Karte 1 km in der Natur.)

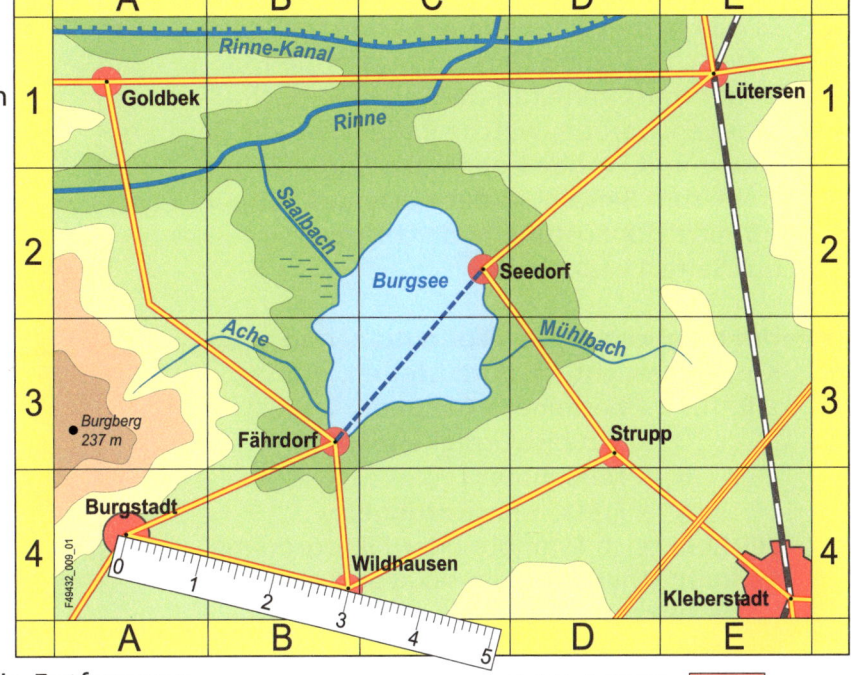

Maßstab 1:100 000
Das heißt: 1 cm auf der Karte entspricht 1 km in der Natur.

1 km

⑤ Die Umrechnung ergibt, dass die Entfernung zwischen Burgstadt und Wildhausen 3 km beträgt.

⑥ Zwei Autofahrer fahren von Burgstadt nach Lütersen. Vergleiche die Gesamtstrecken.

Fahrer A	km
Burgstadt – Fährdorf	
Fährdorf – Goldbek	
Goldbek – Lütersen	
Gesamtstrecke	

Fahrer B	km
Burgstadt – Wildhausen	
Wildhausen – Strupp	
Strupp – Seedorf	
Seedorf – Lütersen	
Gesamtstrecke	

⑦ Ein Radfahrer fährt von Burgstadt über Fährdorf mit der Fähre nach Seedorf und von dort weiter nach Lütersen. Wie lang ist die Gesamtstrecke? . . . . _____ km

⑧ Miss die Länge der Gesamtstrecke für einen Autofahrer von Kleberstadt nach Lütersen. . . . . _____ km

⑨ Miss zum Vergleich die Länge der Eisenbahnstrecke zwischen Kleberstadt und Lütersen. . . . . _____ km

⑩ Berechne, wie lang die Straßenverbindung zwischen Goldbek und Burgstadt ist. Lies die Werte aus der oberen linken Tabelle ab. . . . . _____ km

⑪ Miss die kürzeste Entfernung (Luftlinie) zwischen Goldbek und Burgstadt. . . . . _____ km

⑫ Wie viele km ist die Luftlinie kürzer als die Straßenverbindung? . . . . _____ km

Mit einer Kartenlegende arbeiten

① Die Legende einer Karte erklärt die Bedeutung der Zeichen (Symbole), Farben und Linien.

② Es gibt viele verschiedene Karten mit unterschiedlichen Darstellungsformen. Daher muss immer in der Legende nachgesehen werden, welche Bedeutung die Zeichen, Linien und Farben haben. Die Farbe Grün steht zum Beispiel in der Karte auf Seite 9 für eine Höhenstufe, in der Karte auf Seite 11 für Wald.

③ Um möglichst viele Informationen in einer Karte übersichtlich darzustellen, gibt es z. B. für – besondere Gebäude,
– Sehenswürdigkeiten,
– Denkmäler,
– Freizeiteinrichtungen
Zeichen, auch Symbole oder Piktogramme genannt. Diese können sich von Karte zu Karte stark unterscheiden.

④ Der Maßstab (die Maßstabsleiste) zeigt das Verkleinerungsverhältnis der Karte an. (siehe Karten Seite 9, 10 und 11)

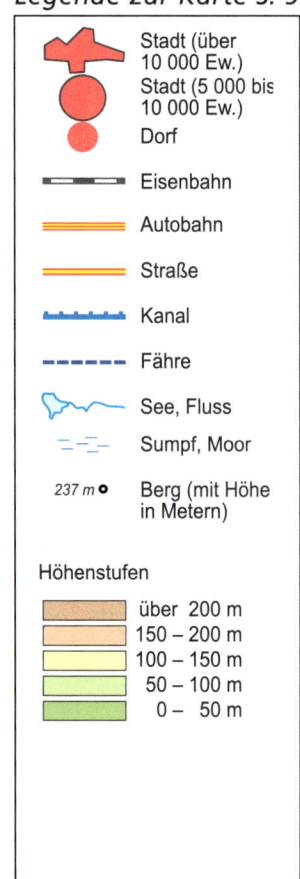

10

10

⑤ Der Kartenausschnitt unten setzt den Kartenausschnitt von Seite 9 fort.

⑥ Male den unteren Kartenausschnitt mithilfe der linken Legende von oben sauber aus.

⑦ Vervollständige den rechten Kartenausschnitt nach deinen Ideen. Beachte die Legende.

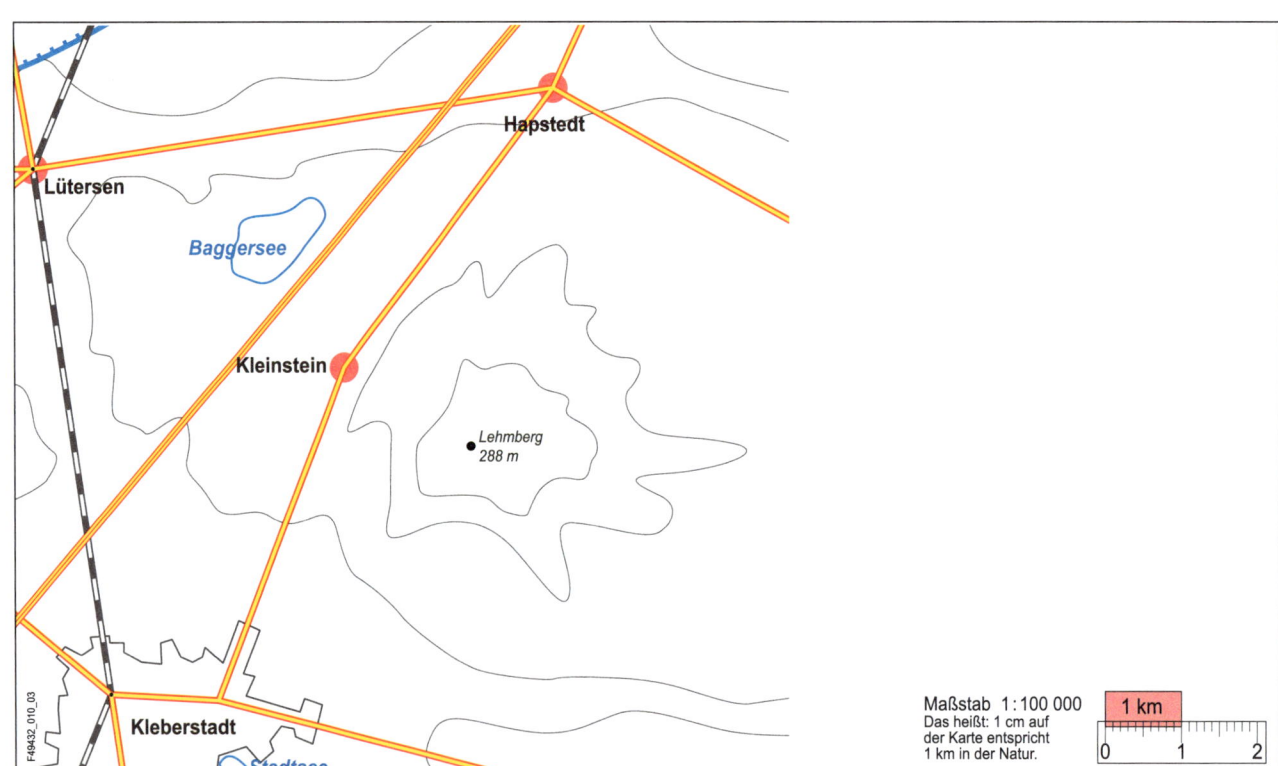

Mit einem Kartenregister arbeiten

① Ein Kartenregister ermöglicht das schnelle Finden von Orten oder Sehenswürdigkeiten.

② Dafür wird ein Gitternetz aus senkrechten und waagerechten Linien über die Karte gelegt.

③ Buchstaben bezeichnen die senkrechten Streifen und Zahlen die waagerechten.

④ Durch die Streifen entstehen Planquadrate. Das sind gleich große Flächen, die durch die Kombination von Buchstabe und Zahl leicht zu finden sind.

⑤ Im Ortsregister ist hinter jedem Ortsnamen das Planquadrat angegeben, wo auf der Karte der Ort zu finden ist. Die Einträge sind alphabetisch aufgelistet.

Burgstadt . . . . A 4
Fährdorf . . . . B 3
Goldbek . . . . A 1
...

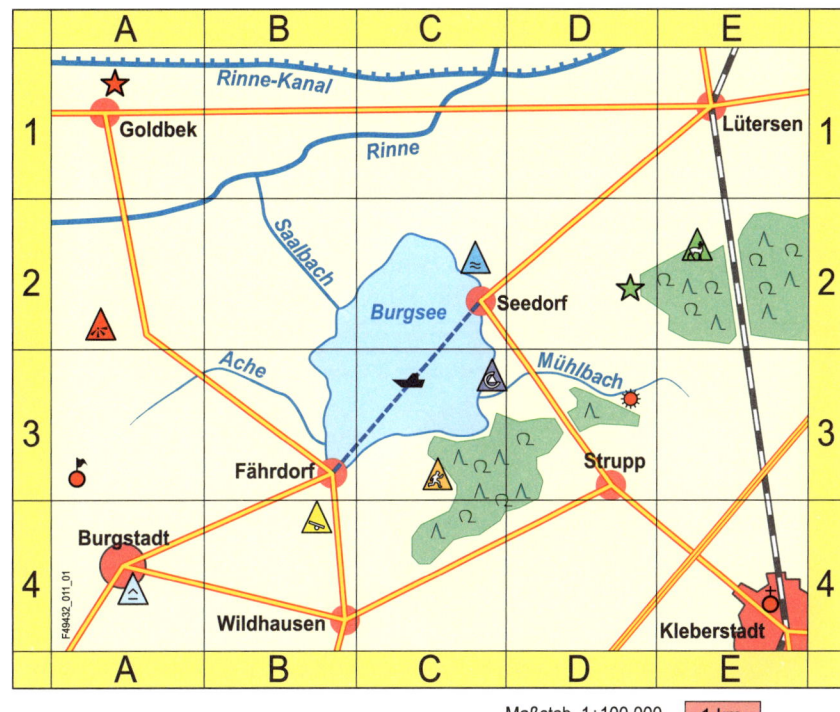

Maßstab 1 : 100 000
Das heißt: 1 cm auf der Karte entspricht 1 km in der Natur.

1 km
0   1   2

⑥ Vervollständige das Ortsregister zu den Karten auf den Seiten 9 und 11.

Burgstadt	A 4				
Fährdorf	B 3	Lütersen	_____	Strupp	_____
Goldbek	A 1				
Kleberstadt . . .	E 4	Seedorf	_____	Wildhausen	_____

⑦ Notiere die Planquadrate der Karte, durch die der Saalbach fließt. _____   _____

⑧ Notiere die Planquadrate der Karte, durch die die Autobahn führt. _____ _____ _____

⑨ Notiere die Planquadrate zum Karteninhalt.

Karteninhalt	Planquadrat
Kirche	
Wassermühle	
Campingplatz	
Badestelle	
Tierpark	
Sehenswürdigkeit	

⑩ Notiere, was du im Planquadrat siehst.

Karteninhalt	Planquadrat
	A 3
	A 2
	D 2
	B 4
	C 2
	C 3

Daten auswerten

Daten (Zahlen oder Zahlwerte) sowie Informationen werden zum schnellen Ablesen in Diagrammen dargestellt. Dabei bestimmen Absicht und Ziel des Diagramms die Form und Art der Darstellung.

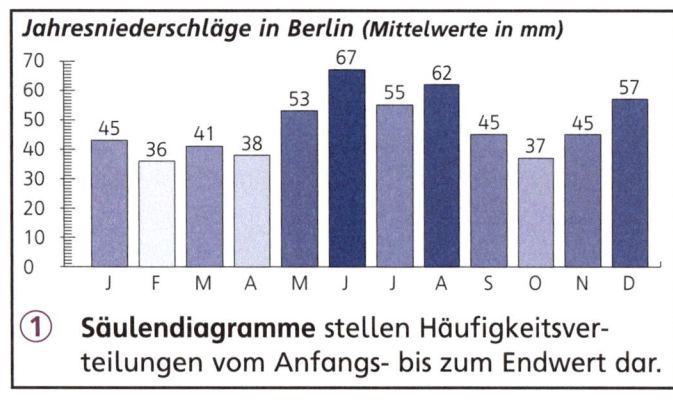

① **Säulendiagramme** stellen Häufigkeitsverteilungen vom Anfangs- bis zum Endwert dar.

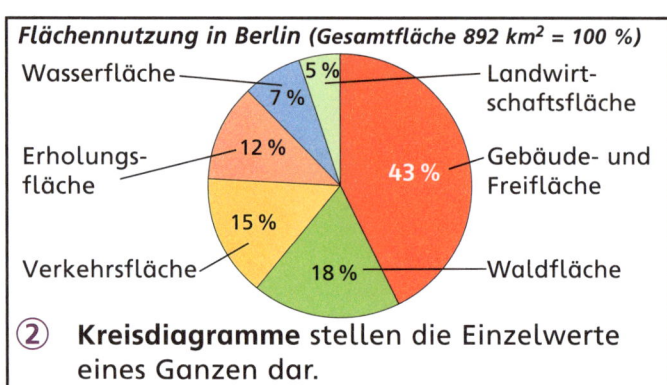

② **Kreisdiagramme** stellen die Einzelwerte eines Ganzen dar.

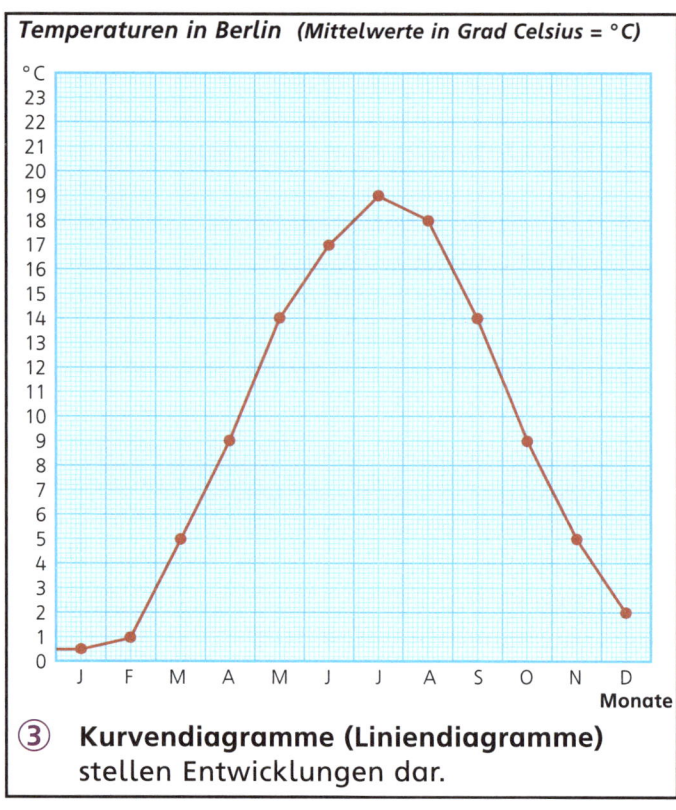

③ **Kurvendiagramme (Liniendiagramme)** stellen Entwicklungen dar.

④ Notiere den Monat mit den höchsten Niederschlägen. _____

Notiere den Monat mit den niedrigsten Niederschlägen. _____

⑤ Notiere den Monat mit den höchsten Temperaturen. _____

Notiere den Monat mit den niedrigsten Temperaturen. _____

⑥ Notiere die Monate mit gleich hohen Temperaturen.

_____

_____

_____

⑦ Stelle die Flächennutzung in einem Hunderterfeld farbig dar (100 % = 100 Felder). Lies aus dem Kreisdiagramm ab, wie viele Kästchen du jeweils ausmalen musst.
Beachte die Farben.

Lernkarten anlegen

① Lernkarten sind Hilfsmittel, um sich Gelerntes besser merken zu können. Durch systematisches Wiederholen wird das Gelernte im Langzeitgedächtnis gespeichert.

② Zum Anlegen der Lernkarten wird stärkeres Papier (120 g bis 200 g) verwendet.

③ Falte das DIN-A4-Blatt in der Mitte und schneide es dann an der Faltlinie. Falte die neuen Papierteile wieder in der Mitte und schneide sie. Wiederhohle dieses, bis du 16 Lernkarten erhältst.

④ Auf die Vorderseite der Lernkarte wird eine Frage oder Aufgabe geschrieben. Auf der Rückseite wird dazu die Antwort notiert.

⑤ Die Karten werden in den Fächern einer Lernbox aufbewahrt.

⑥ Bau die Lernkartenbox (siehe Seite 21) und die Karten für die Fächer 1, 2 und 3 (siehe unten und Seite 14 unten).

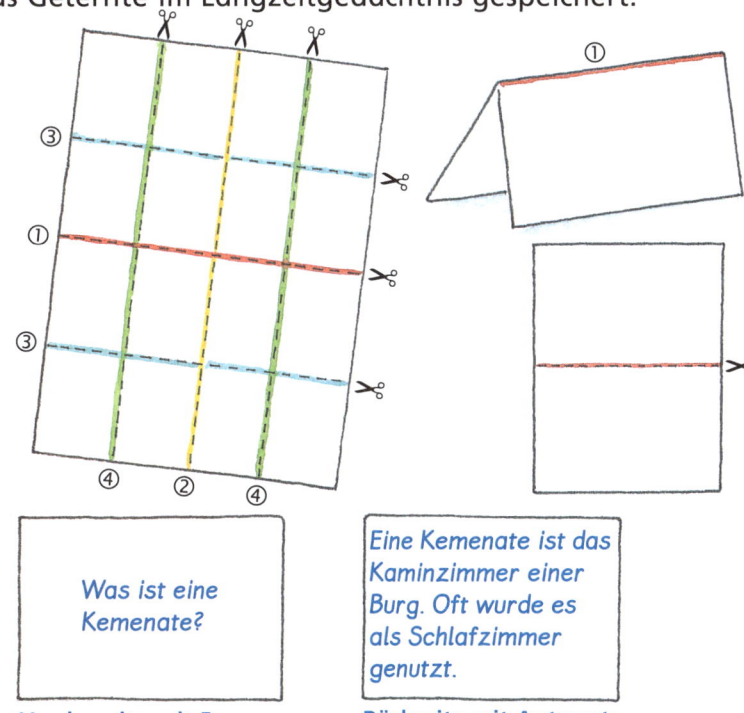

Was ist eine Kemenate?

Vorderseite mit Frage

Eine Kemenate ist das Kaminzimmer einer Burg. Oft wurde es als Schlafzimmer genutzt.

Rückseite mit Antwort

Fach 3

Arbeite mit den Karten im Fach 3 einmal pro Monat.

Falsche Antwort: Stelle die Karte zurück in Fach 1.
Richtige Antwort: Nimm die Karte aus der Lernbox und bewahre sie auf. Wiederhole sie nach einem halben Jahr.

Fach 2

Arbeite mit den Karten im Fach 2 einmal pro Woche.

Falsche Antwort: Stelle die Karte zurück in Fach 1.
Richtige Antwort: Stelle die Karte in Fach 3 ganz nach hinten.

Fach 1

Arbeite mit den Karten im Fach 1 jeden Tag.

Falsche Antwort: Stelle die Karte in Fach 1 ganz nach hinten.
Richtige Antwort: Stelle die Karte in Fach 2 ganz nach hinten.

Mit Lernkarten arbeiten

① Lege dir Lernkarten zu Themen und Inhalten an, die du dir lange merken möchtest.

② Sortiere neue Lernkarten in das Fach 1 ein.

③ Lerninhalte aus dem Fach 1 bearbeitest du täglich. Hast du die Frage richtig beantwortet, wird die Lernkarte nun im Fach 2 hinten einsortiert. Wurde die Frage falsch beantwortet, kommt sie wieder in das Fach 1 nach hinten.

④ Fragen aus dem Fach 2 bearbeitest du einmal pro Woche. Richtig beantwortete Fragen kommen in das Fach 3 nach hinten, falsch beantwortete wieder in das Fach 1.

⑤ Lernkarten aus dem Fach 3 bearbeitest du einmal im Monat. Falsch beantwortete Fragen kommen zurück in das Fach 1. Richtig beantwortete Lernkarten lagerst du außerhalb der Lernbox. Wiederhole sie nach einem halben Jahr.

Vorschläge für Lernkarten

Deutsch:	*Fachbegriffe zur Grammatik Regeln zur Rechtschreibung*
Mathematik:	*Rechengeschichten, Aufgaben Rechenregeln mit Beispielen*
Sachunterricht:	*Verkehrsregeln/Radfahrprüfung Kartenzeichen, Bundesländer*
Englisch:	*Vokabeln*

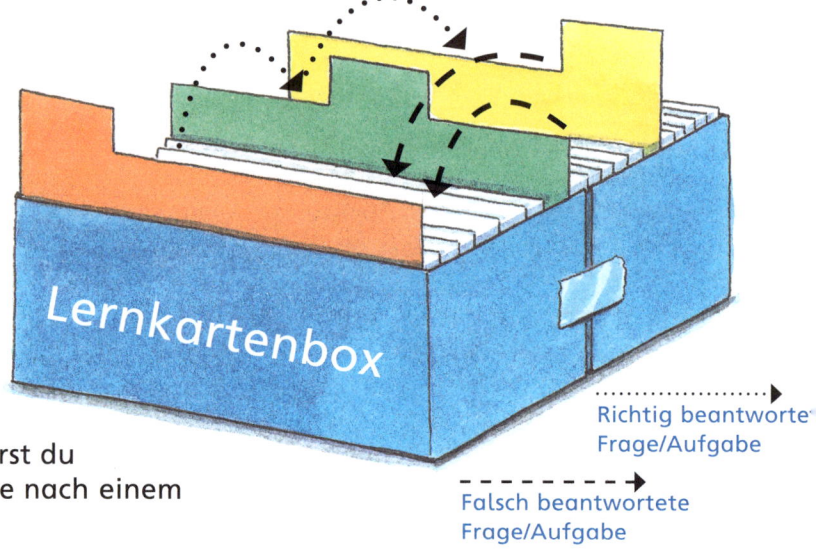

Lernkartenbox

············▶ Richtig beantwortete Frage/Aufgabe

- - - - - ▶ Falsch beantwortete Frage/Aufgabe

14

14

Klebe die Innenseiten der Karten sauber aufeinander.

Streiche eine Innenseite mit Klebstoff ein.

Falte sie an der Faltlinie in der Mitte.

Schneide die drei Karten für Fach 1, Fach 2 und Fach 3 sauber aus.

Innenseite

Innen-seite

Innen-seite

Ein Referat vorbereiten

Ein Referat ist ein kurzer Vortrag zu einem Thema, dass dir gestellt wird oder du dir selbst aussuchst. Bei der Vorbereitung sind folgende Schritte zu berücksichtigen:

① **Thema erfassen**
- Lies die Aufgabenstellung durch. Sprich den Zeitumfang ab.
- Überlege, was im Referat dargestellt werden soll.
- Gliedere das Thema in Unterthemen (Schwerpunkte).

② **Informationen sammeln**
- Informiere dich in Büchern, im Internet, in Lexika.
- Notiere die Quellen, aus denen du dich informierst.
- Nutze nur Informationsmaterial, das du gut verstehst.

③ **Informationen ordnen**
- Ordne die Informationen den Unterthemen zu.
- Ordne den Unterthemen eventuell Bilder oder Filme zu.
- Lege die Reihenfolge der Unterthemen fest.

④ **Informationen auswerten**
- Lies die geordneten Informationen genau durch.
- Sortiere doppelte und unwichtige Informationen aus.
- Verzichte auf schwer erklärbare Informationen.

⑤ **Referat ausarbeiten**
- Lege für jedes Unterthema (Überschrift) eine Karteikarte an.
- Nummeriere diese in der Reihenfolge der Themen.
- Notiere dazu in Stichworten die wichtigen Informationen.

⑥ **Referat üben**
- Sprich dir das Referat (vor einem Spiegel) laut vor.
- Beachte die Zeit, die dir zur Verfügung steht.
- Formuliere kurze und verständliche Sätze.

Im Beispiel soll ein Referat über einheimische Biber vorbereitet werden.
Übe an diesem Beispiel oder einem ähnlichen Thema die Vorbereitung eines Referates.

Zu ①
- **Biber in Deutschland**, das Referat soll ca. 10 Minuten dauern.
- Lebensweise und Verbreitung der Biber sollen vorgestellt werden.
- Steckbrief zum Biber und Vorkommen (Verbreitung) der Biber.

Zu ②
- Suchbegriffe im Internet: **Biber, Biber in Deutschland, Biber fällt Baum**
- Informiere dich unter: www.rivernet.org/elbe/biber/biber.htm
  www.bibermanagement.de
  www.bund-naturschutz.de/fakten/biber/steckbrief.html

Zu ③
- Unterthemen: **Aussehen, Lebensraum, Lebensweise, Fortpflanzung, Nahrung, Vorkommen**.
- Die Texte werden gelesen und eventuell ausgedruckt.
- Ein oder zwei passende Bilder und eventuell ein Film aus dem Internet werden ausgesucht.

Zu ④
- Vergleiche die Informationen zu den verschiedenen Unterthemen.
- Kläre Fragen. Benutze nur das Material, das du verstehst.
- Wähle nur die wichtigen Informationen aus.

Zu ⑤
- Lege Karteikarten zu den Unterthemen an.
- Notiere in Stichworten die wichtigen Informationen.
- Bereite Anschauungsmaterial (z. B. ein Plakat) vor.

⑤ Nahrung der Biber
- *Biber sind Pflanzenfresser*
- *im Sommer: vorwiegend Kräuter, gerne auch Feldfrüchte,*
- *im Winter Zweige und Rinde,*
- *mit Vorliebe Pappeln, Weiden, Erle, Birke, Seerosen,*
- *im Winter werden Vorräte unter Wasser vor den Wohnbauten gelagert*

Zu ⑥
- Lies dir die Karteikarten mehrmals durch.
- Sprich dir das Referat möglichst frei vor. Beachte die Zeit.
- Benutze das Anschauungsmaterial, z. B.: Zeige Bilder vom Biber, erkläre die Verbreitung der Biber in Deutschland mithilfe einer Karte, zeige einen Film über Biber aus dem Internet.

Ein Referat halten

Viele Kinder, die ein Referat halten sollen, sind vorher
ein wenig aufgeregt.
Wenn du gut übst und die folgenden Schritte
beachtest, kannst du erfolgreich ein Referat halten.

① Vor dem Referat
- Halte die Karteikarten (Stichwortzettel) bereit.
- Lege oder hänge das Anschauungsmaterial aus (z. B. Plakat).
- Prüfe technische Hilfsmittel (PC, Beamer, Overheadprojektor).
- Sorge dafür, dass der Raum vorher gut gelüftet wurde.

② Zu Beginn des Referates
- Begrüße die Zuhörer freundlich und stelle dich vor.
- Stelle das Thema des Referates vor.
- Teile den Zuhörern die Gliederung des Referates mit.
- Informiere die Zuhörer, ob Zwischenfragen erlaubt sind.
- Wecke das Interesse der Zuhörer, z. B. durch ein Bild.

③ Während des Referates
- Sprich laut, deutlich, langsam und möglichst frei.
- Lege kurze Pausen ein und halte Blickkontakt zum Publikum.
- Vermeide lange Sätze, schwere Fachausdrücke, Fremdwörter.
- Halte dich an deine Planung und beachte die Zeit.
- Formuliere zum Schluss eine kurze Zusammenfassung.

④ Nach dem Referat
- Bedanke dich bei den Zuhörern für die Aufmerksamkeit.
- Gib den Zuhörern die Möglichkeiten, offene Fragen zu stellen.
- Bitte die Zuhörer um Rückmeldungen zu deinem Referat.

16

16

Die folgende Checkliste kann vor einem Referat an die Zuhörer ausgeben werden. Sie soll helfen,
sinnvolle und faire Rückmeldungen an den Referenten zu geben.
Die Zeichen bedeuten: ++ = **trifft vollständig zu**,   + = **trifft zu**,   o = **trifft teilweise zu**,
              - = **trifft nicht zu**,   # = **kann ich nicht beurteilen**.
Kreuze jeweils die Spalte an, die deiner Meinung nach zutrifft.
Vergleicht eure Rückmeldungen.

	++	+	o	-	#
Zu ① — Der Raum war für das Referat angemessen vorbereitet.					
Zu ② Die Zuhörer wurden begrüßt.					
Das Thema des Referates wurde vorgestellt.					
Die Gliederung des Referates wurde vorgestellt.					
Mein Interesse für das Referat wurde geweckt.					
Ich habe erfahren, ob und wann ich Fragen stellen kann.					
Zu ③ Der Referent hat das Referat frei vorgetragen.					
Der Referent hielt Blickkontakt zu den Zuhörern.					
Das Referat wurde in verständlichen Worten vorgetragen.					
Der Referent hat die Zeitvorgabe eingehalten.					
Der Referent hat zum Schluss den Inhalt zusammengefasst.					
Zu ④ Der Referent hat sich den Zuhörern zugewandt.					
Meine Frage(n) wurde(n) beantwortet.					
Der Referent war insgesamt gut vorbereitet.					

Fragen zum Referat: _____

_____

_____

Anmerkung: Das Wort ‚Zuhörer' steht für Zuhörerinnen uns Zuhörer.
              Das Wort ‚Referent' steht für Referentinnen und Referenten.

Rückmeldung geben und annehmen

Rückmeldungen, auch Feedback genannt, sollen für den, der sie erhält, hilfreich sein.
Das setzt voraus, dass Rückmeldungen willkommen sind und man sich gegenseitig vertraut und
respektiert. Beim Geben und Annehmen von Rückmeldungen sollten folgende fünf Regeln
beachtet werden:

Rückmeldung geben	Rückmeldung annehmen
① Gib deine Rückmeldung nach Möglichkeit durch so genannte ‚ICH-Botschaften'. Bs.: „Ich konnte beobachten, dass … ." "Ich finde, dass du gut … ."	① Höre bei der Rückmeldung genau zu.
② Nenne zunächst das Gelungene (Referat, Plakat). Bs.: „Ich fand richtig toll, wie du … ."	② Zuhören heißt in Ruhe ausreden lassen und sich nicht zu rechtfertigen oder zu verteidigen.
③ Beschreibe die Leistung offen und ehrlich, aber bewerte sie nicht. Bs.: „Mir ist aufgefallen, dass … ."	③ Frage allerdings sofort nach, wenn dir etwas unklar an der Rückmeldung ist. Bs.: „Meinst du, dass … ?" „Habe ich richtig verstanden, … ?"
④ Bleibe bei der Rückmeldung sachlich und werde nicht persönlich. Bs.: „Ich konnte nicht genau … ."	④ Überlege, welche Hinweise und Tipps der Rückmeldung dir helfen.
⑤ Unterbreite anstelle von Kritik Verbesserungsvorschläge. Bs.: „Vielleicht könntest du … ."	⑤ Bedanke dich zum Schluss für die Rückmeldung. Bs.: „Vielen Dank für die Rückmeldung und die nützlichen Hinweise." „Danke für die hilfreichen Tipps."

(Diese Papierstreifen gehören zu Seite 18.)

Nach einer Anleitung bauen

① Baue ohne zu kleben aus den drei Streifen unten einen Würfel.

② Schneide erst die Streifen aus. Knicke sie an den Faltlinien vor.
Führe nacheinander die Arbeitsschritte ③ bis ⑩ aus.

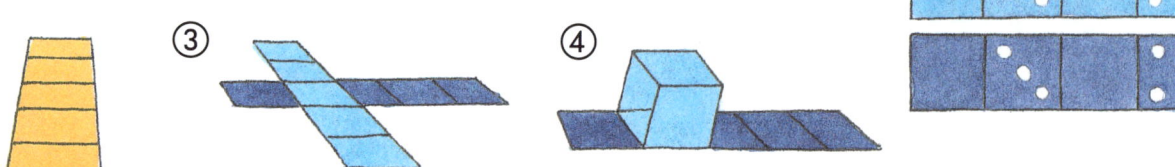

18

18

Führe die 10 Schritte der Anleitung nacheinander aus.

Ergebnisse darstellen

Wenn du dich über Tiere oder Pflanzen, über eine Region, ein Land oder geschichtliche Ereignisse informieren willst, solltest du vorher überlegen, wie du deine Ergebnisse darstellen willst.
In den Methodenheften 1 bis 4 wurden dir verschiedene Möglichkeiten vorgestellt.

In Deutschland lebten im Jahr 2010 ungefähr 82 Millionen Menschen. Die Hauptstadt von Deutschland ist Berlin. Viele Sehenswürdigkeiten der Hauptstadt wie das Brandenburger Tor sind weltweit bekannt.

① **Texte** und **Protokolle** beschreiben einzelne Sachverhalte genau.

② **Bilder, Zeichnungen, Skizzen** und **Karten** veranschaulichen Texte.

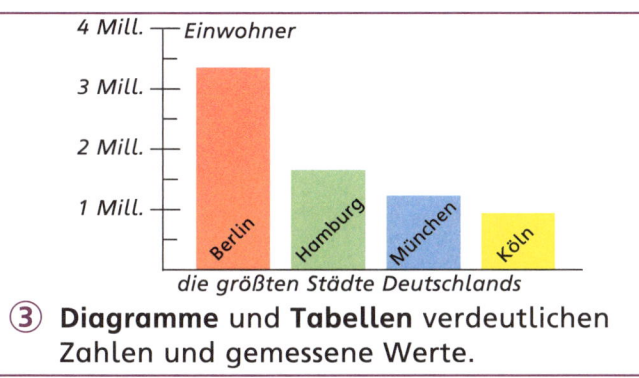

die größten Städte Deutschlands

③ **Diagramme** und **Tabellen** verdeutlichen Zahlen und gemessene Werte.

Der Berliner Bär ist seit dem Jahr 1280 Berlins Wappentier.

④ **Materialien** und **Modelle** zeigen, wie etwas aussieht oder funktioniert.

Informiere dich über dein Bundesland.
Nutze als Informationsquellen Schulbücher, Sachbücher aus der Bücherei, ein Lexikon, das Internet.

Zu ① Notiere in einem kurzen Text Informationen über die Einwohnerzahl des Bundeslandes und die Landeshauptstadt.

_____

_____

_____

_____

Zu ② Klebe ein kleines Bild mit einer Sehenswürdigkeit ein.

Zu ③ Stelle die Einwohnerzahlen der fünf größten Städte deines Bundeslandes in einem Diagramm dar oder notiere sie in Tabellenform.

Zu ④ Sammle Materialien zu deinem Bundesland.

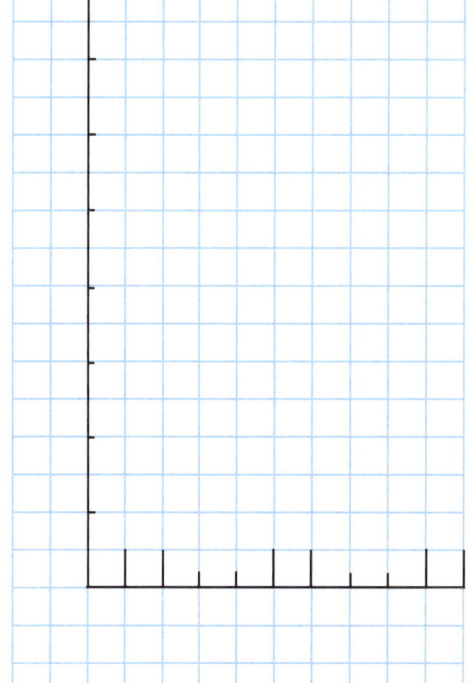

Ergebnisse präsentieren

Beim Präsentieren von Ergebnissen kommt es darauf an, die Informationen anschaulich darzustellen. Gleichzeitig ist es wichtig, das Interesse der Zuschauer zu wecken. Der Erfolg einer Präsentation hängt davon ab, dass für die Inhalte die richtige Darstellungsform ausgewählt werden.

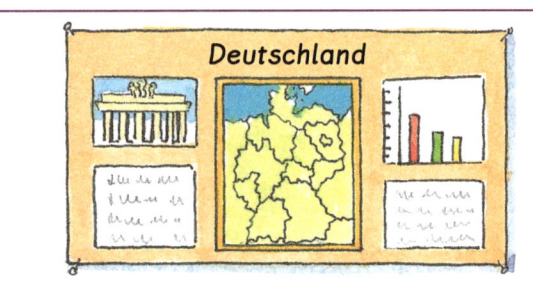

① **Plakate, Wandzeitungen, Themenhefte** enthalten Texte, Bilder, Diagramme.

② In **Referaten** werden Ergebnisse mündlich präsentiert.

③ ,**Bildschirmpräsentationen**' zeigen Texte, Bilder, Filme über Monitore oder Beamer.

④ In **Ausstellungen** werden alle Darstellungs- und Präsentationsformen genutzt.

⑤ Informiere dich über Deutschland und dein Bundesland (BL). Die Themen können untereinander aufgeteilt werden. Dann werden die Themenschwerpunkte in Gruppen bearbeitet. Ziel soll eine gemeinsame Präsentation der Ergebnisse sein. Jede Gruppe kann z. B. ein Plakat herstellen. Alle Plakate zusammen bilden eine Wandzeitung. Kleine Referate können zur Ergänzung der Plakate erarbeitet werden. Die folgende Anordnung kann als Vorlage für die Präsentation dienen.

⑥ **Mein Bundesland:**
(Hebe es farbig hervor.)

_____

_____

⑦ **Meine Landeshauptstadt:**

_____

⑧ **Die 3 größten Städte meines Bundeslandes:**

_____

_____

_____

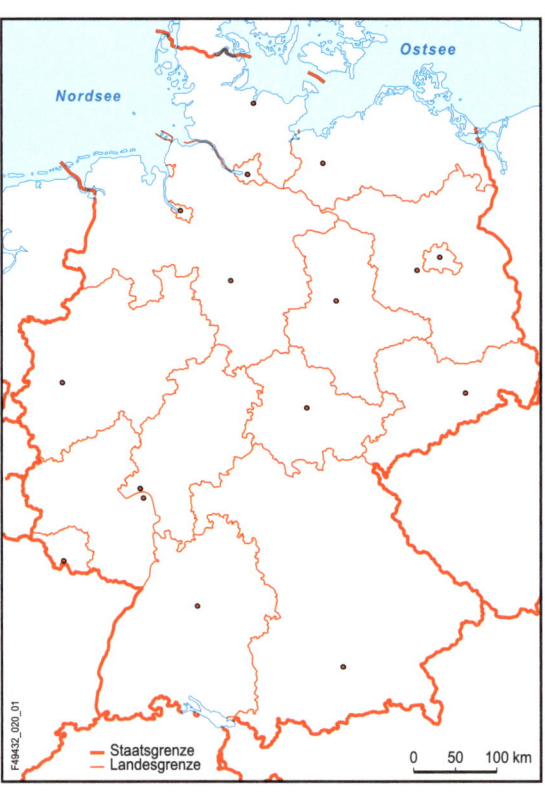

⑨ **Große Wirtschaftsunternehmen meines BL:**

_____

_____

⑩ **Bekannte Feriengebiete meines BL:**

_____

_____

_____

⑪ **So heißt die Region meines Schulortes:**

_____

_____

Diese Fertigkeiten und Methoden kann ich …

		Lies und kreuze das Zutreffende an. Setze an die Stelle der Punkte … deine Bewertung ein. Beispiel: Ich kann – gut – mit einem Lineal messen.	noch nicht gut	gut	richtig gut
Seite	Fertigkeiten und Methoden				
1	Ich kann … ein Lerntagebuch anlegen.				
2	Ich kann … ein Lerntagebuch führen.				
3	Ich kann … Pflanzen nach Blütenmerkmalen bestimmen.				
4	Ich kann … einen Text mit dem Computer gestalten.				
5	Ich kann … mit dem Computer eine Grafik in den Text einfügen.				
6	Ich kann … mich im Internet informieren.				
7	Ich kann … mit einem Lexikon arbeiten.				
8	Ich kann … Bilder vergleichen.				
9	Ich kann … Entfernungen auf Landkarten messen.				
10	Ich kann … mit einer Kartenlegende arbeiten.				
11	Ich kann … mit einem Kartenregister arbeiten.				
12	Ich kann … Daten auswerten.				
13	Ich kann … Lernkarten anlegen.				
14	Ich kann … mit Lernkarten arbeiten.				
15	Ich kann … ein Referat vorbereiten.				
16	Ich kann … ein Referat halten.				
17	Ich kann … Rückmeldung geben und annehmen.				
18	Ich kann … nach einer Anleitung bauen.				
19	Ich kann … Ergebnisse darstellen.				
20	Ich kann … Ergebnisse präsentieren.				

...terial oder Kopiervorlage zur Herstellung der Lernkartenbox. (Siehe Seite 13 und 14).

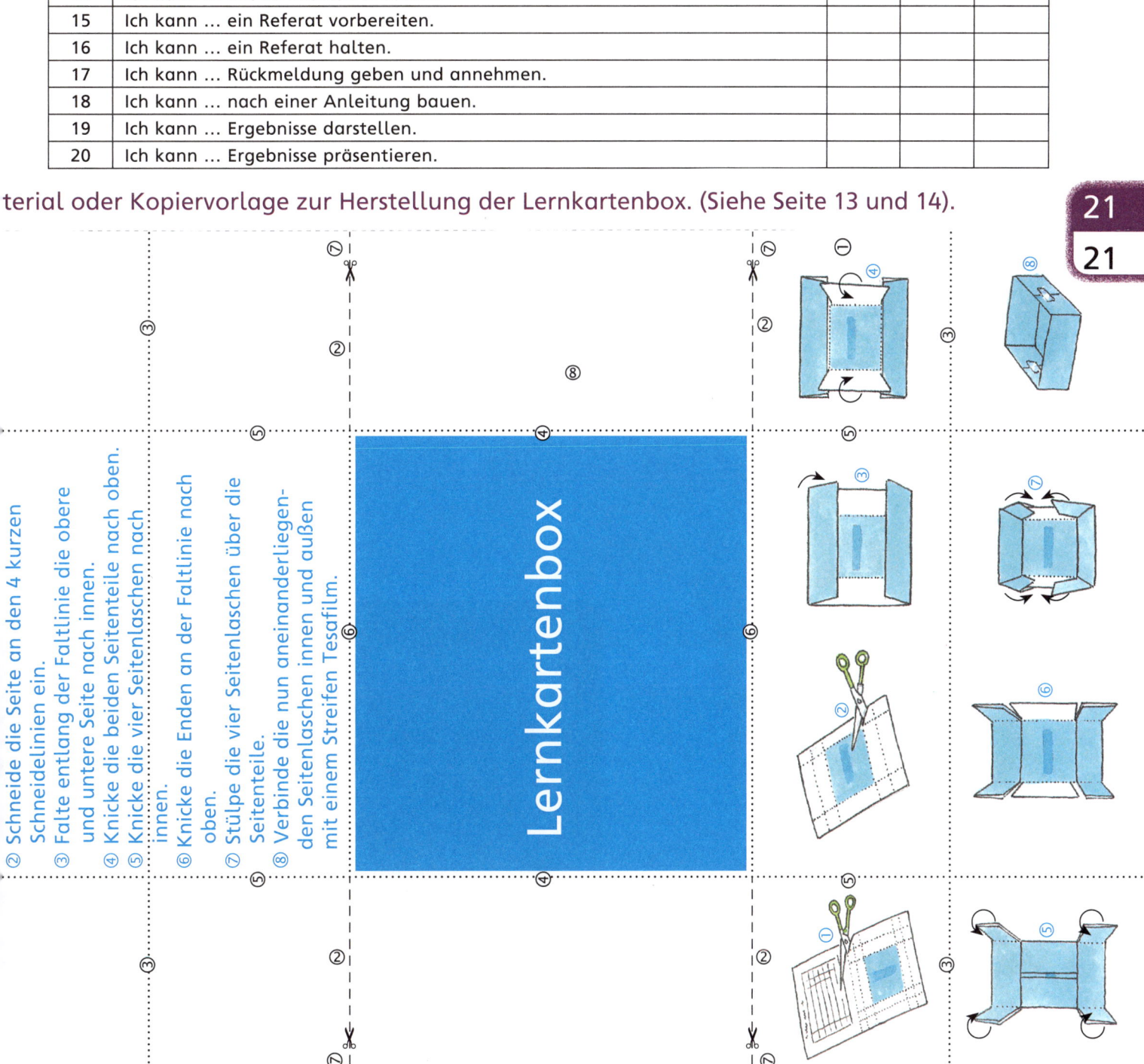

www.westermann.de

ISBN 978-3-507-49432-9

9 783507 494329

www.westermann.de

ISBN 978-3-507-49432-9

9 783507 494329